AF165122

Mallorca Karte über Google Maps aufrufen

1. Auflage - 2021

Inhaltsverzeichnis

Vorwort
Wie kann mein Buch beginnen?

Orte:
Historisches Museum Manacor
Molí den Fraret
Nostra Senyora dels Dolors
Punta de N'Amer
Ermita de Betlem / Naturpark Llevant
Aloe Vera Farm
Finca Son Real / Necropolis
Naturpark S'Albufera
Puig de Maria
Museum Pollenca
Nekropole von L'Alzinaret
Botanischer Garten Lluc
Puig de Sa Morisca
Portals Vells
Marivent Gärten
Militärmuseum Palma
Torre de Porto Pi
Torre de S'Estalella
Kakteengärtnerei
Steinerne Pferde
Santuari de la Consolació
Santuari de Sant Salvador
Son Fornés – Talayotische Ausgrabung
Santuari de Monti-Sion
Fahrradroute Campos
Kloster Randa
Glasbläserei Gordiola
Raixa

Wasserfälle bei Orient
Street-Art Inca
Ses Fonts Ufanes
Mittelpunkt Mallorcas

Rezepte:
Pa amb oli
Tortilla
Mandelkuchen
Ensaladilla Rusa
Grüne Gazpacho
Coca Trampo
Empanadas de Verduras
Ensaimada

Vorwort

Liebe Mallorca-Freunde,

seit nunmehr 8 Jahren lebe ich mit meinem Mann auf dieser wunderschönen Insel und bin stets unterwegs, um sie zu erkunden und die schönsten Motive mit meiner Kamera fest zu halten.

Meistens begleiten mich dabei mein Seelenhund Rocky und meine Freundin Steffany, die ich hier zunächst als meine Arbeitskollegin kennenlernen durfte.
Im Laufe der Zeit hat sich zwischen uns wirklich absolut unterschiedlichen Menschen eine wunderbare Freundschaft entwickelt und so erleben wir Mallorca gemeinsam zu allen Zeiten...

Corona hat uns nun vor große Herausforderungen gestellt und dennoch erlebe ich die Insel so schön, wie nie zuvor.

Da natürlich bei allen momentan das Geld ein wenig knapper geworden ist, höre ich oft die Frage, wie man immer noch so viel unternehmen kann, wenn man doch eigentlich mehr denn je auf das Geld achten muss...

Ich sage dann immer, man sollte das Leben leben und nicht vergessen zu genießen, denn egal ob Corona oder andere Widrigkeiten, irgendetwas wird immer wieder dafür sprechen, weniger Geld auszugeben.
Doch das heißt nicht, dass man verzichten muss. Man kann die Insel wunderbar erkunden und auch einmal von einer ganz anderen Seite kennenlernen, wenn man Orte besucht, die nicht so bekannt sind.

Alle Freunde und Bekannte sind immer wieder überrascht, was ich hier so unternehme. Mit meinen Bildern wecke ich stets auch ihr Interesse für diese wunderbaren Orte, die darauf zu sehen sind.
Und so entstand die Idee, einen Reiseführer zu schreiben, der unter dem Motto **"Mallorca gratis erleben"** steht und einen ganz anderen Einblick in die Schönheiten der Insel und ihre Vielfalt bietet.

Ergänzt wird das Ganze mit meinen eigenen Bildern sowie dem ein oder anderen Rezept aus der mallorquinischen Küche (kleine Snacks, die man sich zum Picknick auf die Ausflüge mitnehmen kann).

Zunächst nahm man mir den Mut,
mit der Information, dass die großen Verlage für Reiseführer den Markt auf absehbare Zeit als „tot" ansehen.
Aber ich habe schon immer das gemacht,
was ich wollte, und ich bin sicher, dass es auch weiterhin Menschen gibt, die Reisen und sich über die eine oder andere Einsparung bei der Urlaubskasse freuen.

In diesem Sinne wünsche ich Euch eine schöne und vielseitige Reise über die schönste Insel der Welt

Eure

Tatjana

Bitte habt Verständnis, dass ich momentan keine Öffnungszeiten nennen kann, da diese aufgrund der Situation immer wieder angepasst werden. Am Besten erfragt Ihr diese im Vorfeld, damit Ihr auf Euren Ausflügen nicht enttäuscht werdet, weil Ihr vor verschlossenen Toren steht.

Wie kann mein Buch beginnen?

Die erste Frage war natürlich, wie ich die Orte, die ich Euch empfehle, sortiere... nach Thema, nach Orten und Regionen oder einfach nach meinem Gefühl...?

Da ich selbst in der Nähe der zweitgrößten Stadt der Insel (Manacor) lebe, dachte ich, wir starten einfach dort.

Manacor ist eine Stadt, die von vielen Touristen nicht besucht, sondern nur umfahren wird.

Und zugegeben, als Möbelstadt wirkt sie erst einmal sehr industriell und wenig einladend. Aber neben schönen kleinen Läden, die der Zeit getrotzt haben und einen doch ein wenig in die Vergangenheit zurück versetzen, in der es z.B. noch kleine Handarbeitsgeschäfte gab, hat die Stadt auch einiges zu erzählen.

Historisches Museum Manacor

Das Museum wurde nach einigen Umzügen, die leider von Verlusten der Ausstellungsstücke begleitet wurden, im Jahre 1993 im Torre dels Enagistes („Turm der Jesuiten") untergebracht.

Hierbei handelt es sich um einen gothischen Bau aus dem 14. Jahrhundert. Seinen Namen verdankt der Turm einer katholischen Ordensgemeinschaft, in deren Besitz der Turm im Jahre 1651 war.

Im Jahr 1925 erklärte das spanische Kulturministerium den zweistöckigen Torre zum nationalen kunsthistorischen Denkmal.

Es gibt im Untergeschoss historische Fundstücke: von Schmuck über Vasen und andere Gefäße - bis hin zu Bodenmosaiken und Knochenfunden. Außerdem gibt es eine Ausstellung von Möbelmodellen, die als Entwürfe für die großen Möbel hergestellt wurden, bevor diese in die Produktion gingen.

Zeitweise wird dieser Teil der Ausstellung auch an andere Museen ausgeliehen.

Im Obergeschoss der Turms gibt es wechselnde Ausstellungen, wie z.B. alte Familienfotos, Möbel oder Zeitzeugen, die ein wenig von der mallorquinischen Geschichte erzählen.

Carr. de Cales de Mallorca, km 1.5, 07500 Manacor

Moli den Fraret

Etwas abseits des städtischen Trubels - und doch immer noch im Zentrum der Stadt gelegen - steht die Mühle von Fraret. Hierbei handelt es sich um eine Getreidemühle aus dem 18. Jahrhundert, wie sie in Manacor häufig zu sehen ist. Leider sind diese Mühlen oft in Nebenstraßen oder zwischen modernen Gebäuden versteckt, so dass man sie nicht direkt vor Augen hat, wenn man an das Stadtbild von Manacor denkt.

In dem Gebäude, welches heute der Stadt gehört, ist das Museum für Geschichte untergebracht.
Die ausgestellten Objekte wurden von einigen Einwohnern an die Stadt abgetreten, damit die bäuerliche Tradition der Bevölkerung nicht in Vergessenheit gerät.

Mit viel Liebe wurde so für den Besucher dargestellt, wie die Arbeit auf den Feldern in den verschiedenen Jahreszeiten aussah und welches Gerät dabei verwendet wurde.

Carrer de Riera de Conies, 13, 07500 Manacor

Nostra Senyora dels Dolors

Der Vollständigkeit halber sei auch noch die Pfarrkirche von Manacor erwähnt, die man vormittags besuchen kann.

Ich möchte die Kirche Nostra Senyora dels Dolors deshalb vorstellen, da ich persönlich sie wirklich wunderschön finde, sie als Wahrzeichen der Stadt alles überragt und, weil sie mit ihrem offenen, 80 Meter hohen Glockenturm nicht nur höher als die Kathedrale von Palma, sondern damit auch das höchste Gebäude der Insel ist.

Plaça del Rector Rubí, 07500 Manacor,

In Manacor gibt es viele Cafés und Bars, wo man „mal eben" eine Kleinigkeit essen kann. Beliebt sind Tapas, Bocadillos und Pa amb oli, das typische Mallorquinische Tomatenbrot.

Pa amb oli

Hierzu benötigen wir pro Person 2 Scheiben geröstetes, mallorquinisches Brot „pan moreno".

(Wer „Pa amb oli =Brot mit Öl" in Deutschland zubereiten will und dort kein mallorquinisches Weißbrot bekommt, kann das Gericht auch mit geröstetem Graubrot zubereiten.)

Das Brot dient als Reibe für die Knoblauchzehe, die - ganz nach Geschmack - mehrmals über das Brot gerieben wird.
Mit einer aufgeschnittenen Ramallet-Tomate (spezielle Strauchtomaten-Sorte) wird der Vorgang wiederholt.
Ein gutes Olivenöl über das Brot träufeln
und mit Salz & Pfeffer würzen.

Schon ist das Pa amb oli in seiner Grundform fertig.

Nun können verschiedene Varianten gezaubert werden
- z.B. mit Tomate, Spitzpaprika, Gurke, Salat, Zwiebel, Oliven, Meerfenchel, Peperoni....
Zu den frischen Zutaten passen auch:
Serrano Schinken, Manchego Käse, Chorizo oder Sepia.

Sepia für Pa amb oli zubereiten:
(Tipp: am besten bereits gesäubert kaufen)

Hierfür eine Pfanne auf dem Herd heiß werden lassen, etwas Olivenöl zum Anbraten hinzu fügen und den leicht gewürzten Tintenfisch von jeder Seite 3 Minuten scharf anbraten.

Anschließend die Pfanne auf kleinster Flamme auf dem Herd stehen lassen, so dass die Sepia weitere 5-6 Minuten nachgaren kann. Dabei mindestens 1x wenden.

Vor dem Herausnehmen eine Knoblauch-Petersilienmischung mit Olivenöl vermengt über die Sepia geben und mit dem Tomatenbrot servieren.

Guten Appetit!

Punta de N'Amer

Am Strand von Sa Coma kann man den Wagen auf einem kostenfreien Parkplatz abstellen. Direkt vom Strand aus führt ein breiter und leicht zu laufender Weg über die Halbinsel zum Castell.

Das Castell de la Punta de N'Amer, bekannt unter dem Namen „Es Castellet", ist ein befestigter Wachturm an der Küste zwischen den Touristenorten Sa Coma und Cala Millor und gehört zum Gemeindegebiet von Sant Llorenç des Cardassar. Die aus Sandstein (Marès) errichtete Burg wurde Ende des 17. Jahrhunderts gebaut und Ende des 20. Jahrhunderts restauriert.

Von dort aus beobachtete man einst die Ankunft der feindlichen Schiffe (besonders maurischer Piraten).
Heute ist die Burg ein historisches Museum.
Über eine kleine Wendeltreppe gelangt man auf den Turm, von wo aus sich ein bezaubernder Blick über die gesamte Küste bietet.

Der Rundweg an der Küste entlang biegt vor Cala Millor nach links ab, wo man auf sandigen Wegen zu einem kleinen Pinienwald gelangt. Auch dort führen einige verträumte Wege hindurch - zurück zum Strand von Sa Coma.

Unterwegs begegnen einem oft Reiter oder Familien, die mit einer kleinen Eselkutsche unterwegs sind.
Manchmal trifft man aber auch nur auf die Pferde, die – wenn sie gerade nicht geritten werden – ihre Freiheit und den Auslauf genießen und auf der ein oder anderen Wiese grasen und die Spaziergänger beobachten.

Das Gebiet wurde übrigens im Jahr 1985 zum Naturschutzgebiet von besonderem Interesse und zum Gebiet mit gemeinschaftlicher Bedeutung erklärt und dient zur Aufforstung des Ökosystems der Insel.

Es Castell in der Abendsonne

Ermita de Betlem

Im Nord-Osten der Insel mit Zufahrt über das schöne Städtchen Artà, liegt der Naturpark Llevant. Das geschützte Gebiet ist insgesamt 1.671 Hektar groß und beherbergt 13 wunderschöne Wandertouren, um die Insel einmal von einer ganz anderen Seite kennen zu lernen. Dabei genießt man einzigartige Ausblicke.

Mitten in diesem Naturpark liegt wunderschön versteckt die kleine Einsiedelei – Ermita de Betlem.

Von der Küste aus führt ein etwa 5 km langer Wanderweg hinauf zur Ermita de Betlem, überwindet dabei 250 Höhenmeter und bietet eine wunderbare Aussicht auf die Bucht von Alcúdia und die Orte Betlem, Colonía de Sant Pere, Son Serra de Marina, Can Picafort und Port de Alcúdia.

Die Ermita de Betlem wurde 1805 auf den Ruinen eines Landgutes errichtet, wo früher ein Wachturm und eine Ölmühle standen.
Der Bau der Einsiedelei für die Mönche der Glaubensgemeinschaft „Ermitaños de San Pablo San Antonio" gestaltete sich recht schwierig, da das gesamte Baumaterial auf dem Meerweg geliefert und anschließend mit Eseln aus der Bucht von Alcúdia bis hinauf in die Berge gebracht werden musste.

Dafür erwartet uns dort heute eine über 200 Jahre alte Klosteranlage, deren Kapelle seit 2010 für Interessierte zugänglich ist.

Wer mit dem Auto von Artà aus kommt, erreicht die Ermita über einen beeindruckenden Zugang, der von einer 150 m langen Zypressenallee gesäumt ist.

Alle Wanderer erwartet etwa 300 m vor der Einsiedelei die Quelle Sa Font. Sie gibt das ganze Jahr hindurch Wasser und diente einst zur Bewässerung der zur Klosteranlage gehörenden Terrassenfelder.
Heute sorgt sie für eine Erfrischung nach dem Anstieg.

Neben der Quelle befindet sich ein Marienheiligtum zu Ehren des Wunders von Lourdes.

Lloc Poligon 5, 48, 07579 Artà

Wer sich auf eine Wanderung begibt, der sollte immer ausreichend zu trinken und vielleicht auch was zu essen dabei haben.

Wie wäre es zum Beispiel mit einem Stück

Ofenfeste Pfanne - 26er Durchmesser
800 g rohe Kartoffeln
1 mittelgroße Gemüsezwiebel
9 Eier
Olivenöl
Salz und Pfeffer

* Kartoffeln schälen und in dünne Scheiben schneiden
* Zwiebel schälen und klein würfeln
* alles in reichlich Olivenöl anbraten und würzen
* nach etwa einer Minute die Flamme runter drehen und die Kartoffeln in Ruhe im Öl garen lassen (in dieser Zeit sollte die Pfanne möglichst mit einem Deckel abgedeckt werden)
* immer mal wieder umrühren, bis die Kartoffeln weich sind
* dann alles in ein Sieb geben, um das Öl abtropfen zu lassen
* Eier verrühren und würzen
* Kartoffeln und Zwiebeln mit den Eiern vermengen
* Masse wieder in die Pfanne geben und bei mittlerer Hitze auf dem Herd für 3 bis 4 min stocken lassen
* anschließend die Pfanne bei etwa 100 Grad in den Backofen (Ober-/Unterhitze) stellen und dort 15 min weiter stocken lassen

Die Tortilla in Stücke schneiden und warm oder kalt verzehren.

Aloe Vera Farm

Folgt man der Küste ein Stück weiter in Richtung Norden, deutet ein kleiner Wegweiser auf ein besonderes Ziel der Insel-Rundtour hin.
Ein Stück zurück im Landesinnern – kurz vor dem Örtchen Santa Margalida – liegt auf der linken Seite die etwa 40 Hektar große und einzige Aloe Vera Farm Mallorcas.

Die Besucher haben die Möglichkeit allein über einen Teil der Aloe-Plantage zu spazieren, um einige der 200.000 Pflanzen aus der Nähe zu betrachten.

Die schönste Zeit für einen Besuch ist Ende April / Anfang Mai, da dann die Aloe Vera blüht und man ein sonnengelbes Feld durchschreitet.

Die Pflanze wird zu 100% ökologisch angebaut, da das Aloin der „Blätter" einen natürlichen Schutz gegen Käfer, Schnecken und andere Schädlinge bietet.

Auf dem Rundweg sind einige Tafeln aufgestellt, die über die Pflanzen informieren und nicht nur botanische sondern auch geschichtliche Informationen liefern.

Anschließend hat man die Möglichkeit im Patio (Innenhof) der „Farm" noch einen Aloe-Fitnessdrink zu sich zu nehmen und sich im angeschlossenen Laden über die Produkte zu informieren, sie auszuprobieren und natürlich auch zu shoppen.

Wer noch weitere Fragen zu den Pflanzen hat, wird hier gerne mit Informationen versorgt.

Crta. Sta. Margalida - Artá, Km 3,4
07450 Santa Margalida

Finca Publica de Son Real

Kurz vor Can Picafort liegt das 395 Hektar große Landgut. Es wurde 2004 von der Regionalregierung der Balearen erworben. Bis dahin galt es als größte öffentliche Privatfinca der Insel.
Bis zur heutigen Zeit wurde das Gut ohne Unterbrechung bewohnt.

Hier kann man viel Geschichtliches erfahren oder einfach einen Rundgang über das Gelände – vorbei an Schweinen, Enten, Pfauen und Schafen – bis hin zum Meer machen.

Dort erwartet den Besucher ein Stück lebendiger Geschichte, denn neben den Torres d'Enfilaciò - Peiltürme, die zwischen 1940 und 1945 von der spanischen Marine errichtet wurden – verbirgt sich dort auch ein archäologisches Erbe.

Necròpolis de Son Real

- Die prähistorischen Grabstätten -

Verschiedene Hinweistafeln wurden im Jahr 2019 aufgestellt, sodass man hier einiges zu den Bestattungen der damaligen, talayotischen Zeitepoche (13. bis 2. Jhd. v. Chr.) erfährt.
In 110 Gräbern wurden etwa 300 Skelette gefunden.

Der Weg über die Finca Son Real ist einfach und gleicht eher einem Spaziergang durch typisch mallorquinische Vegetation. Pinien und Rosmarinsträucher verleihen der Tour auch noch den typischen mediterranen Duft, der sofort an Urlaub erinnert.

Wenn man wieder am Ausgangspunkt angekommen ist, hat man die Möglichkeit, sich die Gebäude des Landguts von außen anzusehen. Auf den ersten Blick erkennt man auch hier, dass sie aus verschiedenen Zeitepochen stammen.

Sollte das Museum geöffnet sein, werft unbedingt einen Blick hinein. Hier erfährt der Besucher, wie es sich früher auf einem so großen Landgut arbeitete und lebte.

Ma-12, 07459 Santa Margalida

Auf dem Grundstück der Finca hat man auch die Möglichkeit, ein kleines Picknick zu machen.

Wir empfehlen eine Rast am frühen Nachmittag mit einer Thermoskanne Kaffee und einem leckeren Kuchen – wie z.B.

Mallorquinischen Mandelkuchen

6 Eier
200 g Mandelmehl
200 g Zucker
1 Prise Salz
1 Teelöffel Zitronenabrieb
1 Teelöffel Zimt

* Ofen auf 180 Grad (Ober-/Unterhitze) vorheizen
* Zitronenabrieb mit Mandelmehl mischen
* Mischung zur Seite stellen
* Eier trennen
* mit einem Mixer das Eiweiß mit einer Prise Salz zu Eischnee aufschlagen
* zum Eischnee nach und nach den Zucker hinzu geben und weiter schlagen
* ein Eigelb nach dem anderen hinzu geben und auf niedriger Stufe weiter mixen
* Zimt unter das Mandelmehl mischen
* anschließend das Mandelmehl portionsweise unter den Eischnee heben, so dass dieser nicht in sich zusammenfällt
* so bleibt der Kuchen hinterher luftig
* eine 24er Springform fetten und mehlieren und die Masse einfüllen
* 25-30 min im Ofen backen (Stäbchentest)

* Kuchen nach dem Backen bei abgeschaltetem Ofen mit offener Tür noch 5-10 min im warmen Ofen ruhen lassen, damit er nicht in sich zusammen sackt.

* Vollständig auf einem Rost auskühlen lassen und anschließend mit Puderzucker dekorieren.

(falls Ihr den Kuchen zu Hause essen möchtet, empfehle ich eine Kugel Vanille- oder Mandeleis dazu)

Naturpark S'Albufera

In Mallorcas größtem Feuchtgebiet kann man 61 heimische Vogelarten beobachten. Fernglas also auf keinen Fall vergessen oder am Empfangszentrum ausleihen.
Hier erhält man auch Kartenmaterial und einen Anmelde-Stempel für die Tour durch den Park.

Für alle, die nur wenig Zeit haben, bietet sich der kleine Rundweg von nicht einmal einem Kilometer an – der längste Weg ist etwa 12 Kilometer lang, kann aber auch mit dem Rad erkundet werden. Auf dieser Tour begegnet man nicht nur Vögeln, sondern auch Stieren und Eseln.

Eine Aussichtsplattform bietet einen wunderbaren Blick über das Schilfgras der S'Albufera hinweg in Richtung Berge und Meer.
Nicht nur für Ornithologen und Botaniker ein ganz besonderer Ausflug in die Ruhe der Natur – fernab von Touristen, Bars und kleinen Souvenirshops, obwohl man die bereits 6 km weiter wieder in Hülle und Fülle finden kann.

Av. de s'Albufera, 07458 Playa de Muro

Der nächste Stopp liegt in Pollença.

Die Treppe auf den Kalvarienberg ist inzwischen so gut wie jedem Urlauber bekannt, denn dort kann man 365 Stufen zu einer kleiner Kapelle hinauf steigen und dabei die Dinge des letzten Jahres hinter sich lassen, die vielleicht nicht so positiv waren. Auf dem Weg nach unten steht jede der Stufen dann für einen guten Wunsch für das kommende Jahr.

Wer den Aufstieg zum Kalvarienberg geschafft hat, genießt eine Aussicht über Pollença auf den gegenüberliegenden Berg. Und vielleicht fragt sich manch einer, ob der Aufstieg lohnt und was man von dort aus wohl sehen kann.

Der Ausflug hinauf auf den Puig de Maria ist mit etwas Anstrengung verbunden, doch die Aussicht bis zum Cap Formentor entschädigt für den Anstieg.

Der Weg ist nicht schwierig zu gehen, aber man läuft ein ganzes Weilchen bergauf, bis man das kleine ehemalige Kloster erreicht.

07460 Pollença

Das Santuari de la Mare de Déu del Puig wurde ursprünglich als Fürbitte für die Jungfrau zum Schutz gegen die Pest erbaut und später zum Kloster reformiert.

Auf der kleinen Gästeterrasse kann man ein erfrischendes Getränk zu sich nehmen. Aber wem es nichts ausmacht, seinen Proviant den Berg hinauf zu tragen, den erwartet auch hier ein Picknick-Platz mit Grillmöglichkeit.

Zum Grillen passt der - bei den Spaniern beliebte -

Ensaladilla Rusa

50 g tiefgekühlte Erbsen
10 mittelgroße, frische Kartoffeln
2-3 Karotten
2 Dosen Thunfisch in Olivenöl
   (je 60-80 g)
4 Eier – Größe L
300 g Mayonnaise (aufgrund der Konservierungsstoffe bitte gekaufte Mayonnaise verwenden – bei der Wärme in südlichen Ländern ist das die beste Lösung)

* Erbsen in leicht gesalzenem Wasser kurz aufkochen – (etwa 2 min) und dann in Eiswasser abschrecken (so behalten sie ihre Farbe)
* Karotten putzen und in kleine Würfel schneiden, anschließend etwa 10 min kochen, bis sie weich sind und ebenfalls in Eiswasser abschrecken
* die Kartoffeln schälen und 20-25 min kochen – abkühlen lassen
* die Eier 10-12 min kochen, nach dem Abschrecken pellen
* die abgekühlten Kartoffeln und Eier in Würfel schneiden und in eine Schüssel geben
* Erbsen und Möhren hinzu geben
* Öl vom Thunfisch abgießen und den Thunfisch ebenfalls den anderen Zutaten hinzufügen
* alles vermengen und mit Salz und Pfeffer abschmecken
*anschließend die Mayonaise unterheben

Solltet Ihr den Salat zu einem Picknick mitnehmen, denkt unbedingt daran, einen Kühl-Akku mit dem Salat in Euren Rucksack oder die Kühltasche zu legen.

Tipp:
Der Salat schmeckt noch besser, wenn er eine Nacht im Kühlschrank durchziehen konnte.

Museum vom Pollença

Direkt an den Gärten von Joan March und gegenüber des Torre Desbrull liegt das alte Dominikaner-Kloster Santa Domingo. In diesen alten Mauern ist das Museum von Pollença untergebracht.

Hier gibt es Malereien der Escola Pollencina aus dem 20. Jahrhundert und Keramik aus prähistorischen Zeitepochen zu sehen, die man durch den Fund mehrerer Höhlen zur Totenbestattung in den Bergen entdeckt hat.
Ein ganz besonderes Ausstellungsstück ist jedoch ein großes Mandala, welches der Dalai Lama 1990 der Stadt Pollença schenkte, als er dort eine Ausstellung buddhistischer Kunst besuchte. Eine nette Mallorquinerin erklärte mir, dass es weltweit nur noch 5 dieser im Auftrag vom Dalai Lama hergestellten Sand-Mandalas gibt. Das Mandala in Pollença zeigt „Das Rad der Zeit" und wurde von tibetischen Mönchen des Klosters Namgyal hergestellt.

Carrer Pere Josep Cànaves Salas s/n, 07460 Pollença

Nekropole von l'Alzinaret

Von Pollença aus führt eine kleine Straße nach Cala Sant Vicenç.
Hier befinden sich ganz versteckt, inmitten einer kleinen Wohnsiedlung, auf einem mit Eichen bewachsenem Hügel, noch sieben erhaltene Höhlen von einstmals vierzehn.

Bei diesen künstlichen Höhlen geht man davon aus, dass sie – je nach Bauweise - zum Wohnen und Bestatten dienten. Aufgrund anderer Funde ähnlicher Nekropole nimmt man an, dass sie um 1600 vor Christus in der Bronzezeit entstanden sind.
Um sich die Höhlen anzusehen, bedarf es keinerlei Anstrengung und lediglich eines kurzen Spazierganges über den kleinen Hügel. Aber anschließend lädt die Playa de Cala Molins noch zum Verweilen ein.
Von dort aus hat man einen Blick auf die bis zu 300 m hohe, zerklüftete Bergkette Cavall Bernat.

Carrer de Joaquim Sorolla, 63, 07469 Cala Sant Vicenç

Botanischer Garten von Lluc

Die vergessenen Gärten von Lluc sind ein besonderes und nicht so häufig besuchtes Ziel von Mallorca-Urlaubern.

Viele Besucher von Lluc parken ihr Auto auf dem großen Parkplatz am Kloster, sehen sich die Kapelle an und gehen vielleicht noch den kurzen Weg hinauf bis zum Kreuz.

Doch auf dem Weg zum „Steinernen Kamel" – etwa 70 Meter von der Plaça dels Pelegrins entfernt, erreicht man eine Brücke, die in den Innenbereich des Sanktuariums führt.

Hier ist der Eingang zum „Jardin botanico" ausgeschildert.

Der Garten ist eine Mischung aus vergessenem Paradies, kleinem Urwald und einzigartiger Ruhe, die nur durch das laute Quaken der vielen Frösche unterbrochen wird.

Einst war es das Anliegen, Wildpflanzen in einem natürlichen Lebensraum zu zeigen. Und so wachsen hier heute rund 200 einheimische Pflanzenarten.

Über kleine Pfade und Stege erkundet man den bescheiden wirkenden Garten, der so ungeordnet erscheint und einen dadurch so wunderbar verzaubert.

Zu jeder Jahreszeit bietet der Garten ein anderes Bild, weil immer wieder andere Pflanzen blühen oder buntes Herbstlaub den Boden ziert.

Jardin botanico am Santuari de Lluc, 07315 Escorca

Auch am Kloster Lluc gibt es einen großen und schattigen Picknick-Platz.

Wie wäre es mit einem erfrischenden und etwas anderen Picknick-Snack?

Grüne Gazpacho von Zucchini und Basilikum

1 Bund Basilikum
4 dunkelgrüne Zucchini
3 TL Pesto
6 EL mildes Olivenöl (z.B. Arbequina)

* Basilikum waschen und die Blätter vom Stil entfernen
* Zucchini abwaschen, klein schneiden und in etwa 250 ml Wasser für 30 min kochen
* Pesto, Olivenöl und etwa ¾ der Basilikumblätter hinzu fügen
* alles mit einem Stabmixer pürieren
* mit Salz und Pfeffer abschmecken
* die Gazpacho kalt stellen
* vor dem Verzehren noch die frischen Basilikumblätter hinzufügen

Bon profit!

(diese Gazpacho schmeckt auch sehr gut unter Zugabe von Wildkräutern wie z.B. Sauerklee)

In der gesamten Region des Tramuntana – Gebirges kann man sehr schöne Spaziergänge machen, wie zum Beispiel auf dem Rundweg um den Cúber Stausee, vorbei an „wilden" Kühen und immer mit Blick auf den See

oder – auf einer etwas anspruchsvolleren Route zum Felsenloch Sa Foradada.
Gestartet wird am Herrenhaus Son Marroig.
Der Weg ist leicht zu finden und führt direkt hinab in die Bucht, wo einen das kristallklare Wasser verzaubert.

Eine besonders schöne Tour - und daher auch etwas ausführlicher erwähnt - ist ein

Rundgang durch den Märchenwald.

Ein kleiner Wanderweg führt durch den Wald, vorbei an den verfallenen Mauern einer ehemaligen Einsiedelei und gibt immer wieder den Blick auf das Meer frei.

Auf diesem Rundweg besucht man auch die Ermita de la Trinitat und genießt einen unvergesslichen Ausblick über die Westküste.

Startpunkt ist direkt gegenüber dem Hotel Continental Valldemossa – an der Küstenstraße Ma-10.

Weit unten im Süden der Insel – im touristischen Ort Santa Ponça – lockt ein archäologischer Park zu einem kleinen Abenteuer.

Wenn man vorher im Internet nach Informationen sucht, stößt man immer wieder auf die Aussage, dass die Wege gut zu finden, aber unzureichend beschildert sind.

Nachdem ich diesen Weg nun selbst gelaufen bin, kann ich sagen: es stimmt, ist aber abhängig von einem selbst…

Direkt am Eingang des Parks zeigt eine Hinweistafel die verschiedenen Wege an.

* Foto machen,
* Karten-App auf dem Handy öffnen
   …und los geht's.

Direkt an der ersten Wegkreuzung steht ein Schild, welches in zwei Richtungen weist. Da man sich aber unter den Namen auf diesen Schildern nichts vorstellen kann, entscheidet man aus dem Bauch heraus, welchen Weg man wählt.

An dieser Stelle möchte ich gar nicht mehr verraten, denn es wäre zu schade, nur den Gipfel zu erreichen, ohne den Rest des Parks gesehen zu haben.

Die Pfade zu erkunden, selbst zu entscheiden und den für sich „richtigen" Weg zu finden, macht diese Tour zu etwas Besonderem.

Puig de Sa Morisca

Mit seinen verschiedenen Aussichtspunkten, talayotischen Funden und Überresten aus vergangenen Zeiten, ist dieser Park ein Ruhepool inmitten der sonst so belebten Ortschaft.

Auf dieser Tour ist der Weg das Ziel.
(dieser kann 20 min oder 2 Stunden dauern – je nachdem, welchen Weg man wählt)

Carrer Puig de na Morisca, 17, 07180 Santa Ponça

Portals Vells

Auf den Pfaden der Vergangenheit führt ein anderer Weg in diese Bucht, die eine ganz besondere Geschichte erzählt.

Einst strandeten Seeleute in der Bucht, die in einen Wirbelsturm geraten waren. Sie hatten an Bord gelobt, der Jungfrau Maria einen Altar zu errichten, falls sie jemals wieder unversehrt an Land gelangen würden.

In den „Ses coves de Mare de Déu", findet man daher einen in Sandstein geschlagenen Altar mit Zeichen und Ornamenten.

Vom Strand aus erreicht man die Höhlen nach einem kurzen Spaziergang.

Hier wurden übrigens die Steine für den Bau der Kathedrale von Palma abgetragen.

07181 Calvia

Königliche Marivent Gärten

Auch in der Hauptstadt Palma kann man Orte besuchen, ohne Eintrittsgelder zu bezahlen. Die Kathedrale gehört leider nicht dazu, doch der darunter liegende Parc de la Mar eignet sich für einen kleinen Spaziergang mit imposantem Ausblick.

Ebenfalls zum Flanieren laden die Marivent Gärten unterhalb der Sommerresidenz des spanischen Königs ein. Diese ist natürlich nicht geöffnet, wenn die Adeligen auf der Insel verweilen.

Zu anderen Zeiten bringen sie Ruhe in den Trubel der Stadt. Etwas außerhalb gelegen und leider ohne direkte Parkmöglichkeit, bietet diese kleine Oase zu allen Jahreszeiten viel Grün, schattige Plätzchen, kleine Kunstwerke – aber leider wenig Blumen. Dennoch lohnt ein Spaziergang durch die Anlage.

Avinguda de Joan Miró, 229, 07015 Palma

Militärmuseum

Wer etwas über die Geschichte Mallorcas erfahren möchte, sollte einmal die Schloss-Festung San Carlos besuchen.

Um einen stein-gepflasterten Innenhof, in dem alte Kanonen sogar die Wände zieren, präsentieren sich 5 Räume als Zeitzeugen mallorquinischer Geschichte.

Sie beherbergen alte Waffen, Kanonenkugeln, Modelle einer Schlacht und verschiedene Beispiele zur damaligen Lebensweise und Kommunikation.

Carretera Dic de l'Oest, s/n, 07015 Palma,

Von der Festung aus genießt man zudem einen beeindruckenden Ausblick über den Hafen von Palma hinweg und auf den

Torre de Porto Pi,

der seit über 700 Jahren den Seefahrern den Weg leuchtet und einer der ältesten, sich noch in Betrieb befindenden Leuchttürme der Welt ist.

Wer den Leuchtturm einmal besuchen möchte, wendet sich am Besten per E-mail an

jperez@portsdebalears.com

Hier hat man die Möglichkeit, sich für eine kostenlose Führung anzumelden, die allerdings in Spanischer Sprache begleitet wird.

Ctra. Arsenal, 3E, 07015 Palma

Torre de s'Estalella

Eine besondere Wanderung erwartet einen, wenn man von S'Estanyol in Richtung Vallgornera aufbricht.

Vielleicht sind einige im Internet schon mal auf einen Bericht über die vergessene Bucht gestoßen. Und wer Bilder dieser Bucht gesehen hat, der fragt sich, wie sie überhaupt in Vergessenheit geraten kann...?

Westlich von Sa Rapita befindet sich ein Naturschutzgebiet, das aufgrund seiner Nähe zum karibisch wirkenden - und in wirklich jedem Reiseführer erwähnten - Es Trenc, so gut wie gar nicht beachtet wird.

Zunächst gelangt man über einen Sandweg zu einem kleinen Pinienwald. Früher konnte man scheinbar mal hindurch gehen. Doch heute ist das Tor verschlossen und man nutzt den Pfad am Zaun entlang.
Kleine Bootsgaragen liegen vor dem blau-weißen Leuchtturm und dahinter, in den Dünen, verstecken sich kleine Fischerhäuschen.

An der Küste entlang geht es weiter, bis die wunderschöne Bucht mit ihrem türkis-blauen Wasser auftaucht.

Hinter der Bucht ragt der Torre de S'Estalella imposant empor – nicht zu übersehen.

Und ganz in der Nähe des Turms, befindet sich der Eingang zur Höhle, die direkt zum Meer führt.

Wer einmal dort war, wird die Bucht sicher niemals wieder vergessen.

Via de la Mediterrania 3, 07639 S'Estanyol de Migjorn

Kakteen-Plantage

Stachelige Gesellen treffen wir in Ses Salines. Doch nicht nur im botanischen Garten „Botanicactus", sondern auch in der einzigen Kakteengärtnerei der Insel.

Sie ist ein Juwel im Verborgenen, da man kaum aus dem Schatten des großen Gartens am Ortseingang treten kann und will. Hier, ein wenig versteckt, auf dem Terreno Cas Perets findet man rund 250 Arten von Kakteen. Am Bekanntesten sind natürlich die Kugelkakteen („Schwiegermuttersessel"). Während man auf der Kakteenfarm von den riesigen Pflanzen beeindruckt ist, entdeckt man am Ortsausgang in einer Einfahrt den Teil der Gärtnerei von Tony Moreno, in der die Pflanzen aufgezogen werden.

Die Vielfalt der winzig kleinen Kakteen, die hier zu finden sind und wirklich noch mit Pinseln bestäubt werden, um weitere sukkulente Pflanzen zu züchten, bringt einen aus dem Staunen nicht mehr hinaus. Ein Rundgang durch die Gewächshäuser sorgt dafür, dass man ganz sicher nicht ohne mindestens einen Kaktus für daheim raus geht.

Carrer Cas Perets, 15, 07640 Ses Salines

Carrer Marina Gran, 07640 Ses Salines

Es Pontas – der bekannte Steinbogen in der Nähe von Santanyi - ragt aus dem Meer hinaus und ist eines der meist fotografierten Motive auf Mallorca.

Doch ganz in der Nähe des Bogens, treffen wir auf Kunst aus dem honigfarbenen Marès-Stein, der auf Mallorca für viele Bauten verwendet wurde.
Die "Europa-Skulptur Equilibrio" ist aber nur eines der Kunstwerke, die Rolf Schaffner auf Mallorca hinterlassen hat. Als Wahrzeichen von Santanyi gelten „Rey y Reina" auf dem Kreisverkehr nach Cala Llombards.
Und wer kurz inne hält, um sich das Kunstwerk aus der Nähe anzusehen, entdeckt – etwas versteckt, aber nicht vergessen – die

Steinernen Pferde.

Ma-6100

Santuari de la Consolació

Nahe dem bezaubernden Ort S'Alqueria Blanca steht auf einem kleinen Hügel die Klosteranlage, die nur selten von Touristen besucht wird und somit zu einem der noch vorhandenen, wahren Schätzen der Insel zählt.

Eine schmale Straße führt den Berg hinauf, doch die Zufahrt zur Klosteranlage ist nicht mehr geöffnet. Daher muss man etwa auf der Hälfte des Weges den Wagen stehen lassen, um den Rest zu Fuß zurück zu legen.
Relativ schnell erreicht man über die etwa 200 Stufen den Vorplatz der Anlage. Vor hier aus hat man schon einen Eindruck, welch' wunderbare Aussicht einen erwartet.

Durch ein Rundbogenportal gelangt man in einen Innenhof mit einem aus Marès-Stein erbauten Brunnen und viele Pflanzen weisen den Weg in die Kapelle, deren Reiz in der Schlichtheit liegt.

Camí de sa Teulera, 07691 Santanyí

Unterhalb des Gebäudes befindet sich eine Plattform, von der aus man den Blick über die gesamte Südostküste und bei klarem Wetter sogar bis zur kleinen Schwesterinsel Cabrera – einem der letzten Naturparadiese im Mittelmeer – genießen kann.

Dieser friedliche Ort verleitet zum Verweilen.
Besonders schön ist es dort in den frühen Abendstunden, wenn die Sonne langsam hinter den Hügeln versinkt und ein Farbenspiel in verschiedenen Pastell-Tönen an den Himmel zaubert.

Warum also nicht am Abend ein kleines Picknick auf der Aussichtsplattform einnehmen.

Coca de trampo

Belag:
4 große Tomaten
3 grüne Spitz-Paprika
1 mittelgroße, weiße Zwiebel
Olivenöl und Salz

Masse:
1 Glas Wasser
½ Glas mildes Olivenöl
etwa ½ kg Mehl
1 Prise Salz

Ofen auf 180 Grad (Ober-/Unterhitze) vorheizen

Zunächst bereitet man den Belag zu:
*Gemüse in gleichgroße Stücke schneiden,
   dabei aber die Kerne der Paprika entfernen
* die Gemüsestückchen unter der Zugabe von etwas Olivenöl
   und Salz in einer Schüssel vermengen
* ziehen lassen

Zubereitung der Masse:
* Wasser, Olivenöl, Mehl und Salz vermengen
  und mit der Hand kneten, bis eine leicht zu verarbeitende
  Masse entsteht (Mehl portionsweise untermengen)
* Backblech mit Olivenöl einpinseln
* Teig auf dem Backblech zu einem Boden auslegen
  (mit den Händen – so bestimmt man am Besten
  die Dicke des Bodens)
* den bereits vorbereiteten Salat darauf verteilen
* bei 180 Grad im Ofen für 40-60 min backen
* die Backzeit hängt hierbei vom Wassergehalt des Gemüses
  ab – daher sollte man nach 40 min kontrollieren und
  entscheiden, ob man die Coca noch weiter im Ofen lässt
* nach dem Abkühlen – je nach Geschmack – noch mit
  frischer Petersilie bestreuen

Eine Coca schmeckt sowohl warm als auch kalt
und kann mit allen saisonalen Gemüsen belegt werden.

Sehr lecker ist auch die Variante mit Zucchini, Paprika und
Aubergine; im Herbst mit Kürbis (diesen – je nach Sorte –
eventuell vorher garen) und roten Zwiebeln
oder auch mit Kartoffeln und Rosmarin

Santuari de Sant Salvador

Südlich von Felanitx, nicht weit hinter dem Ortsausgang in Richtung Portocolom, zweigt rechts die MA 4011 ab. Über etwa sieben Kilometer schlängelt sie sich in zahlreichen Serpentinen hinauf auf den Puig de Sant Salvador, auf dessen Gipfel die gleichnamige Klosteranlage thront.

Für alle die, die gerne zu Fuß unterwegs sind, führt außerdem ein kleiner Pilgerpfad nach oben. Allerdings sollte man immer auf die Radfahrer achten, die oft rasend schnell um die Kurven kommen, nachdem sie nach dem anstrengenden Anstieg die Abfahrt umso mehr genießen.

Seit 1992 leben keine Mönche mehr auf dem Kloster. Trotzdem ist das Santuari de Sant Salvador ein ganz besonderer Kraftort, der mit seinem Ausblick beeindruckt und vor allem zum Sonnenuntergang verzaubert.

Crta. de, Ctra. Porto Colom, s/n, 07200 Felanitx

Son Fornés

Son Fornés ist neben „Ses Païsses" und „Capocorb Vell" eine der bedeutendsten und am Besten erhaltenen talayotischen Siedlungen Mallorcas.
Diese zeichnen sich durch Bauten in Großsteinbauweise aus. Im Gegensatz zu den Talayots bei Artà und Cala Pi ist diese rund drei Hektar große Ausgrabung ohne die Zahlung von Eintrittsgeldern zu besichtigen.

Das größte der Talayots hat einen Durchmesser von 17 Metern und eine Höhe von 3,5 Metern.

Die Bauten wurden aus Kalkstein und Megalith haltigem Stein errichtet.

Ma-3200, 07230 Montuïri

Santuario de Nostra Senyora de Monti-Sion

Entlang des Weges hinauf zum Kloster nahe des beschaulichen Ortes Porreres wurden mehrere Kreuze aufgestellt, die die sieben Freuden und sieben Leiden der Heiligen Maria repräsentieren.

Das Kloster ist unter Besuchern der Insel nicht so bekannt, obwohl es einen der ältesten Grammatikhörsäle sowie einen fünfeckigen Kreuzgang beherbergt, der auf Mallorca einzigartig ist.

Über eine Treppe und ein Rundbogen-Portal gelangt man in den Innenhof und fühlt sich direkt in eine andere Zeit versetzt. Das einschiffige Oratorium präsentiert sich sehr schlicht. Dennoch ist das Kloster ein besonderer Ort, der einst den Studenten die Vorausbildung ihres Theologie-Studiums ermöglichte.

07260 Porreres

Da der Blick über die Inselmitte zum Verweilen einlädt, sollte man die Möglichkeit zum Picknicken wahrnehmen:

Empanadas de verdura

Für die Masse:
500 g Weizenmehl
2 Esslöffel Rinderschmalz – geschmolzen -
15 g Salz

* Zutaten in einer großen Schüssel unter der Zugabe von warmem Wasser verrühren (etwa 1 Tasse)
  - Wasser nach für nach zugeben, bis die Masse die richtige Konsistenz hat -
* auf einer bemehlten Fläche per Hand etwa 10 min kneten und anschließend eine Kugel formen
* diese in einer mit Mehl bestäubten Schüssel abgedeckt 60 min gehen lassen
* Kugel in Stücke teilen und diese jeweils ausrollen
* Kreise mit etwa 10-12 cm Durchmesser ausstechen
* die ausgestochenen Teigfladen auf ein mit Klarsichtfolie belegtes Schneidebrett legen, mit einem weiteren Stück Folie abdecken und so Lage für Lage übereinander legen
* kalt stellen

Für die Füllung:
500 g Gemüsezwiebel
frischer Spinat – in Steifen geschnitten
(da dieser immer schnell zusammen fällt, benötigt man für die vorbereitete Menge an Teig etwa 1,5 kg)
2 EL Frischkäse (Typ Philadelphia)
Salz, Pfeffer und Muskatnuss zum Würzen
1 TL getrockneter Knoblauch
200 g Mozzarella

* Zwiebel in kleine Würfel schneiden und in Olivenöl anbraten bis sie goldbraun aber dennoch glasig sind
* Spinatstreifen nach für nach hinzu geben und unter ständigem Rühren garen (nicht zu weit garkochen)
* Frischkäse unterrühren
* Füllung in eine Glasschale geben, würzen und den Knoblauch und Mozzarella unterheben
* anschließend den Teig füllen (etwa 1 EL Füllung mittig auf den Teigfladen geben)
* den Rand mit Wasser bestreichen
* zuklappen
* Teig-Halbmond nach belieben mit den Fingern oder der Gabel am Rand zusammen drücken
* Backblech mit Olivenöl einölen
* Teigmonde auflegen und mit Eigelb einpinseln
* bei 200 Grad (Ober-/Unterhitze) jeweils 15-20 min backen

Fahrradroute der Windmühlen von Campos

Diese Route wurde einst von der Toursit-Information in Campos empfohlen, es gab Kartenmaterial und entsprechende Informationen zu den Mühlen.
Heute findet man so gut wie gar keine Informationen mehr über die „Ruta de los molinos".

Eine andere Mühlenroute, die man bei einer ausgiebigen Autofahrt über die Insel erkunden kann, hat die kleine Fahrrad-Tour abgelöst. Diese führt zu typischen Windmühlen – doch das Wahrzeichen Mallorcas sieht eigentlich anders aus...

Leider ist es sehr kostspielig, die inseltypischen Mühlen in Stand zu halten, so sieht man immer weniger davon im mallorquinischen Landschaftsbild.

Kloster Randa

Den Sonnenuntergang hinter Palma aus der Ferne beobachten, das kann man auf dem Klosterberg von Randa, der mit seinen 542 Metern Höhe aus dem Landesinnern empor ragt und daher stets präsent erscheint.

Einst waren es drei Kloster, die sich auf dem Berg befanden. Eines ist nicht viel mehr als eine kleine Kirche, das andere inzwischen eher ein Bauernhof, der immer noch von Mönchen bewirtschaftet wird, die allerdings keine Besucher empfangen.

Besuchen kann man jedoch das "Santuari Senyora de Cura de Randa" oder "Santuari de la Mare de Déu de Cura", welches ganz oben auf dem Puig de Randa liegt und einen unglaublichen Ausblick bis in die Bucht von Alcudìa und die Bucht von Palma bietet.

Dieser Ort strahlt eine beeindruckende Ruhe aus, auch dann noch, wenn an den Wochenende auf dem Vorplatz die Familien mit ihren Kindern spielen oder die alten Geräte bewundern, mit denen man einst die Felder bewirtschaftete und die heute rund um den Klostergarten dekoriert sind.

Auch die kleine Kapelle ist bezaubernd.

Und wem es auf dem Kloster gefällt, der kann sogar dort übernachten. Dies ist zwar nicht „gratis", aber auch nicht allzu teuer.

Der Ausblick auf den Sonnenuntergang am Abend hinter Palma und dem Sonnenaufgang am nächsten Morgen von der Ostseite der Insel sind dafür unbezahlbar.

Puig de Randa, S/N, 07629 Randa

Glasbläserei Gordiola

Eines der ältesten Unternehmen des Handwerkes der Glasbläser ist die im 18. Jahrhundert gegründete Glasmanufaktur „La Gordiola".
Hier kann man den Glasbläsern noch bei der Arbeit zuschauen. Für die Vorführungen werden meistens kleine Tierchen hergestellt, doch, wenn man Glück hat, kann man auch die Entstehung einer Vase oder eines Leuchters beobachten.

Über den Hinterhof gelangt man dann in die obere Etage der im Stil einer Burg erbauten Anlage. Dort ist ein kleines Museum untergebracht. Im ersten Moment denkt man vielleicht, dass alles ein wenig verstaub ist. Doch während man von einem Raum zum nächsten geht, zieht einen die Geschichte in ihren Bann und die verstaubten Vitrinen wirken plötzlich authentisch und charmant. Neben den alten Werkzeugen erzählen Glasskulpturen aus verschiedenen Jahren und Ländern ein wenig von der Entwicklung der Glasbläserei.

Der angeschlossene Shop bietet die Möglichkeit zum Stöbern.

Ma-15, 07210 Algaida, Illes Balears

Raixa

In dem alten, ehemals islamischen, Landgut selbst kann man alte Fliesen, eine typische alte Küche und eine alte Mühle bewundern. Wer allerdings mehr über das Leben zu früheren Zeiten erfahren möchte, der sollte dann doch Es Calderes oder La Granja besuchen. Diese beiden Zeitzeugen sind zwar nicht gratis zu besichtigen, sagen aber weitaus mehr darüber aus, wie die Menschen einst lebten und arbeiteten.

Wer Raixa besucht, sollte den Hauptaugenmerk nicht auf das Haus, sondern auf die unterschiedlich angelegten Gärten legen, die den Berg hinauf bis zur Rundkapelle führen. Der große Teich, wo sowohl Aussichtsplattform als auch riesige Fische beeindrucken und sich ein außergewöhnlicher Blick über das Umland auftut, ist das Herzstück des Geländes.

Ctra. Ma-11 de Palma a Sóller, km 12.2, 07110 Bunyola

Wasserfälle bei Orient - Salt des Freu

In den Herbst- und Wintermonaten, wenn viel Regen auf der Insel fällt, dann kann man Naturwunder beobachten, die dem typischen Sommerurlauber verborgen bleiben

Der Weg führt Richtung Bunyola. An der Ma-2100 kann man den Wagen stehen lassen. Zwar gibt es keinen Parkplatz, doch die ein oder andere Nische, die als Parkbucht genutzt werden kann. Festes Schuhwerk ist auf jeden Fall von Vorteil. Denn nach dem Regen ist der Weg oft ein wenig rutschig und die ein oder andere Pfütze muss über- oder durchquert werden. Aber es lohnt sich.

Denn der Torrent d'Orient führt so viel Wasser, dass es sich seinen Weg über den Waldboden bahnt und sich die Felsen hinunter stürzt.

Das Wasser schillert in verschiedenen Blau- und Türkistönen und der Wald verzaubert mit moosbewachsenen Steinen und seinem ganz besonderen Charme.

Ma-2100, 07110 Bunyola

Street Art Inca

In Palma kann man für 49 Euro pro Person eine Street Art - Tour buchen. Man könnte die verschiedenen Kunstwerke auch selbst suchen, aber einige wird man nicht finden, da sie versteckt in Nebenstraßen oder nur nach Ladenschluss der Geschäfte zu finden sind. Zu dieser Zeit hält man sich aber eher selten in den Straßen abseits von Plaça Mayor und Plaça España auf.

Eine kostenfreie, aber nicht minder sehenswerte, Ausgabe der Street Art - Szene findet man in Inca. Wenn man der drittgrößten Stadt der Insel etwas mehr Aufmerksamkeit schenkt, gibt es noch vieles mehr zu sehen. Zum Beispiel ein Relief mit inseltypischen Szenen in einer Unterführung oder Mosaike der Siurells (mallorquinische Tonfiguren).

Avinguda del Pla, 07300 Inca

Ses Fonts Ufanes

Ein weiteres Naturschauspiel, welches sogar die Mallorquiner in Scharen zu einem Waldspaziergang lockt, sind die Quellen im Wald „Bosc de les Alzines".
Am Besten parkt man an den Tropfsteinhöhlen von Campanet. Direkt gegenüber der Einfahrt, beginnt der Rundweg durch den Naturpark. Auch ohne die sprudelnden Wassermengen ist dies eine lohnende Tour auf einem leicht zu begehenden Weg vorbei an Bachläufen und alten Olivenbäumen.

Das Schauspiel der Quellen beginnt wenige Stunden nach extrem starken Regenfällen im Tramuntana-Gebirge und dauert wenige Tage. Nur drei bis sechs Mal im Jahr tritt dieses Phänomen auf und es ist wirklich ein Glück, wenn man zu dieser Zeit auf der Insel verweilt. Denn durch eine Laune der Natur in Form einer riesigen Wasserader, die an mehreren Stellen endet, sprudelt nach starken Niederschlägen das Wasser aus dem Boden und schiebt sich mit großer Geschwindigkeit durch das Waldstück.

07310 Campanet

Mittelpunkt Mallorcas

– lange wurde diskutiert, wo er wohl sein mag, denn die Form der Insel macht es nicht leicht, eine Mitte zu bestimmen. Doch es ist gelungen und das Herz der Insel schlägt offiziell in einem kleinen Wäldchen mit einer gut erhaltenen Einsiedelei in der Nähe von Lloret de Vistalegre.

Parken am Picknick-Platz und einen kleinen Waldspaziergang machen... Da der Mittelpunkt Mallorcas nicht besonders gut ausgeschildert ist, sollte man sicherheitshalber eine Wander-App nutzen, die diese Zone detaillierter anzeigt.

Der Wald ist auch interessant für alle, die sich für heimische Vögel interessieren, die auf verschiedenen Info-Tafeln dargestellt werden.
Eine der ältesten Höhlen (Sa Cova den D'ainat) befindet sich ebenfalls in diesem Waldstück, lohnt den Umweg aber ehrlich gesagt nicht, da sie sehr klein ist.

07518 Lloret de Vistalegre, Balearic Islands

Und für die wunderbare Picknick-Area gibt es natürlich auch wieder eine Rezept-Idee:

Ensaimada (einfaches Rezept)

450 g Weizenmehl
175 ml Wasser
10 g Trockenhefe
75 g Butter oder Schweineschmalz
100 g Zucker
1 Ei – Größe L

* Mehl in eine Schüssel geben und ein Mulde hinein drücken
* Ei, Wasser, Zucker und Trockenhefe in die Mulde geben
  und beginnen die Masse mit den Händen zu kneten
  ist sie zu flüssig etwas Mehl hinzu geben,
  ist sie zu trocken, etwas Wasser beimengen
* Arbeitsfläche mit Mehl bestäuben
* Teig darauf geben und mit den Händen weiter kneten
  - sollte die Masse zu stark an den Händen kleben 5 min
  ruhen lassen und dann weiter kneten
* insgesamt sollte der Teig etwa 10 min geknetet werden,
  bis eine gleichmäßige Konsistenz entsteht
* die Masse in 8 gleiche Stücke teilen und zu Kugeln formen
* diese Kugeln mit Klarsichtfolie und einem Geschirrtuch
  abdecken und 30 min an einem warmen Ort ruhen lassen
* wenn sie beginnen an der Folie zu kleben, ist der Teig
  fertig zur Weiterverarbeitung
* hierzu Olivenöl auf die Arbeitsfläche geben
* jeweils einen Teigball nach dem anderen ausrollen
  und mit Butter (original mit Schweineschmalz) bestreichen
* ein wenig in die Breite ziehen, so dass der Teig sehr dünn ist
  und anschließend von oben nach unten aufrollen
* die daraus entstandenen Teigrollen auf ein mit Backpapier
  belegtes Backblech legen

* dabei die Rollen aber zunächst ein wenig in die Länge ziehen und dann als Schnecke legen, wobei das untere Ende eingeschlagen wird (4 Schnecken pro Backblech)
* erneut mit Klarsichtfolie und Geschirrtuch abdecken und an einem warmen Ort für 2 Stunden ruhen lassen, so dass er aufgeht
* den Ofen auf 200 Grad Ober-/Unterhitze vorheizen
* ein Blech nach dem anderen für jeweils 12 min backen
* auf einem Gitter abkühlen lassen und mit Puderzucker bestäuben

Sehr lecker sind die Ensaimadas auch, wenn man sie aufschneidet und mit Vanillepudding füllt.

Original wird Schweineschmalz verwendet.
Viele empfinden dies jedoch als sehr intensiv und daher auch etwas befremdlich für eine Süßspeise.
Das Schmalz kann man aber problemlos gegen Butter austauschen.

Und der wichtigste *Tipp*, um sich die Insel anzusehen:

Verlasst die Hauptstraßen, biegt einfach mal in eine der schmalen Nebenstraßen (Caminos) ab
und folgt Eurem Gefühl.

Vielleicht landet Ihr in ein paar hundert Metern wieder auf der Hauptstraße, vielleicht in einem süßen kleinen Dorf, wo Ihr auf dem Marktplatz einen Café con leche trinkt oder Ihr habt einfach mal das Landesinnere, einen anderen Küstenabschnitt oder auch einfach nur ein paar Schafe gesehen.

Wer die Zeit hat, links und rechts zu schauen,
sieht ein Mallorca, das vielen verborgen bleibt,
die nur von einem Ort zum nächsten hetzen und dabei
die Schönheit der Natur übersehen.

Eine Reise auf die größte der Balearen Insel
kann auch eine Reise zu sich selbst sein.

Einfach einmal innehalten und die Eindrücke wirken lassen. So nehmen wir vieles noch bewusster wahr und entdecken auch Dinge, die sonst unbeachtet bleiben, obwohl sie es wert sind, einmal genauer hin zu sehen.

.

Als Quellen für diesen Reiseführer gelten folgende Webseiten, auf denen Ihr weitere Informationen sowie Öffnungszeiten oder Kontaktdaten erfahren könnt:

www.visitmanacor.com (23.09.2020)

www.tib.org/de/web/ctm/turisme/-/itinerari/n402-castell-punta-amer (24.09.2020)

https://de.wikipedia.org/wiki/Ermita_de_Betlem (25.09.2020)

https://aloe-mallorca.com (25.09.2020)

https://de.balearsnatura.com/parque_natural/finca-publica-de-son-real/ (29.09.2020)

https://www.mallorca-experte.net/naturpark-albufera-mallorca/ (30.09.2020)

http://www.pollensa.com/de/platz/besuch/puig-de-maria/ (30.09.2020)

http://www.pollensa.com/de/platz/besuch/pollensa-museum/ (08.10.2020)

http://www.pollensa.com/de/platz/besuch/cala-sant-vicenc/ (01.10.2020)

https://www.lluc.net/de/botanischer-garten/ (01.10.2020)

http://arqueomallorca.com/de/ficha/puig-de-sa-morisca/ (01.10.2020)

https://www.mallorcazeitung.es/leben/2010/01/07/muttergottes-hohle-portals-vells-stein-geritzte-erleichterung/16546.html (01.10.2020) https://www.180gradsalon.de/2018/04/marivent-gaerten-mallorca-cala-major-adresse-oeffnungszeiten.html (02.10.2020)

https://ejercito.defensa.gob.es/unidades/Madrid/ihycm/Museos/baleares.html (02.10.2020)

https://www.mallorcazeitung.es/ausflugstipps/2011/01/06/licht-ende-insel/18208.html (02.10.2020)

https://www.mallorcazeitung.es/land-leute/2008/08/21/einzige-kakteengartnerei-mallorcas/14003.html (02.10.2020)

https://www.mallorcazeitung.es/land-leute/2008/08/21/einzige-kakteengartnerei-mallorcas/14003.html (02.10.2020)

https://www.lucie-hauri.com/de/rolf-schaffner-der-kuenstler-und-seine-skulpturen/ (02.10.2020)

https://de.wikipedia.org/wiki/Santuari_de_la_Consolació_(Santany%C3%AD) (04.10.2020)

https://www.mallorca-experte.net/santuari-de-sant-salvador/ (04.10.2020)

https://de.wikipedia.org/wiki/Son_Fornés (04.10.2020)

https://de.wikipedia.org/wiki/Santuari_de_Monti-Sión (05.10.2020)

https://www.mallorcaexperten.de/kloster-randa/ (05.10.2020)

https://raixa.conselldemallorca.cat/de/ (07.10.2020)

https://freizeit.mallorcazeitung.es/planes/sightseeing/pla-1455-ses-fonts-ufanes-das-sprudel-wunder.html (08.10.2020)

Ein großes Dankeschön geht an alle, die an mich geglaubt und mich zu diesem Buch ermutigt haben.

Weiterhin wäre dieses Buch sicher nicht entstanden, wenn ich nicht gemeinsam mit Steffany und unseren vierbeinigen Lieblingen Rocky und Eddy so viele wundervolle Touren unternommen hätte.

Durch Lost Places / Urbex – Gruppen
und auch durch Geocaching sind wir an Orte gelangt,
die besonders sind und auch bleiben sollen.
Von daher möchte ich nicht alle Geheimnisse preisgeben.
Denn eines ist ganz wichtig und das hat uns das Jahr 2020 auch gezeigt:

Die Natur dankt es uns, wenn wir sie bewusster wahrnehmen, genießen und zu schätzen wissen, was sie uns gibt.
Geheimtipps sollten möglichst auch solche bleiben und nicht in Reiseführern auftauchen.
Sie bleiben den Menschen vorbehalten, die die Insel lieben und für sich entdecken.

Alles Liebe

Eure

Tatjana

Mallorca – meine Insel

Berge und Täler, Felder und Seen,
Momente erleben, die unter die Haut geh'n.

Voller Zweifel war meine erste Reise
ich kannte Spanien nur auf andere Weise.
Kleine Pueblos und Küstenstraßen,
weiße Häuser und Fischerhafen.

Mein erster Weg - die Ma-19.
Erst in Portocolom konnte ich das Meer wieder seh'n.
Ein Ausflug führte nach Cala D'Or
da kam mir so gar nichts Spanisch vor.

Mein Spanien ist anders, mein Spanien ist schön.
Ich konnte die Schönheit Mallorcas nicht seh'n.
Die Liebe zur Insel kam nachts zu mir.
Ein Traum von Port Andratx zeigte sie mir.

Im Sommer 2012 fuhr ich dann hin
- mit Tränen in den Augen verstand ich den Sinn.
Die Insel rief mich, ließ mich verstehen:
um anzukommen musste ich gehen.

2013 - Abschied nehmen...
dem Herzen folgen in ein neues Leben.
Und so war mit plötzlich klar,
das mein Herz auf Mallorca zu Hause war.

Diesen Schritt habe ich nie bereut,
weil die Insel mich stets auf's Neue erfreut.